Acompañar a través de contextos naturales de aprendizaje para un autismo floreciente

Coni Danegger, PhD

Coni Danegger, PhD, *Acompañar a través de contextos naturales de aprendizaje para un autismo floreciente*, Mama Quilla, 2023.
ISBN 9798865456322

Tabla de contenidos

A mi maestra de 2° Grado,
con agradecimiento.

Introducción

"Elige tu propia aventura" era el nombre de una colección de libros que hace años nos invitaba a releer con múltiples recorridos y finales posibles.

Este pequeño libro, a su manera, plantea algo semejante.

Al invitarte a que repensemos la educación, en concreto la educación en autismo, te invito a revisar cómo podrían ser las trayectorias educativas y de aprendizaje, que son trayectorias de desarrollo para la gente autista.

Teniendo en cuenta el legado de experiencias e ideas venturosas del pasado, y teniendo en cuenta también buenas prácticas y enfoques actuales.

Con la convicción de que la educación, y tal vez debería, consistir en acompañar de manera apropiada, a través de los contextos en los que sucede la vida.

Por un autismo floreciente.

Coni Danegger, PhD
Salta, norte andino de Argentina, octubre de 2023.

Capítulo 1

Acompañar el aprendizaje para el desarrollo para un autismo floreciente

1.1 Acompañar el aprendizaje para el desarrollo

La concepción de la educación como acompañamiento no es reciente sino que se remonta a antecedentes registrados ya en algunas formas antiguas de educación. Se lo encuentra asimismo en muchas de las más pujantes y eficaces formas que se están abriendo paso, en la confluencia de la educación y las llamadas nuevas tecnologías. No obstante, en la práctica, el significado y potencial del término "acompañar" a menudo queda eclipsado cuando se lo refiere a la educación. Siendo una metáfora, es también, de forma literal, una forma de recorrer un camino, entre y uniendo distintos contextos, que puede recorrer un aprendiz. Y no solo para ir o volver de una escuela, por ejemplo.

Sucede que frecuentemente los supuestos sobre vías y contextos de la educación se restringen a los entornos escolares, tanto en su implementación como en su discurso. En este marco, la noción de acompañamiento puede ser interpretada en ocasiones simplemente como una versión más suave del apoyo escolar, o incluso, en la actualidad, como una de las formas que se van estandarizando para la enseñanza: la presencia de docentes de apoyo que asisten o *acompañan* a algunxs de lxs estudiantes que están dentro del aula.

Las definiciones de los términos *acompañar* y *educar* son específicamente distintas, cada cual en su propio ámbito. En este libro planteamos, no obstante, que determinadas formas de acompañamiento podrían considerarse en sí mismas como formas de educación. Postulamos, además, que dichas formas de educación podrían ser en particular adecuadas para estudiantes autistas. Podrían, al menos algunos casos, ser adecuadas, en general, que las formas escolares tal como se las conoce; y probablemente mucho más adecuadas que las formas de tratamiento o intervención de las aplicaciones del conductismo en educación, en particular para estudiantes autistas.

En su sentido corriente, los términos acompañar y educar se refieren a acciones que se distinguen tanto por su *finalidad o intencionalidad,* la *naturaleza del vínculo* y el *grado o nivel de conocimiento o experiencia* que tienen las personas que intervienen.

La acción de *acompañar* implica estar presente y ofrecer apoyo, guía o compañía en situaciones o procesos específicos. Es una interacción que a menudo se da en un plano de igualdad, donde ambas partes pueden beneficiarse mutuamente. Por ejemplo, cuando un amigo te acompaña en un paseo por el parque, comparten juntos la experiencia.

Por otro lado, *educar* es un proceso con una finalidad diferente. Las acciones con finalidad educativa en general tratan de facilitar el aprendizaje y el desarrollo de habilidades, conocimientos y valores a lo largo del tiempo, con el propósito de preparar a individuos para la vida y su integración en la sociedad. (Cuánto le hace falta a esta definición más precisiones; las haremos dentro de unas pocas páginas). La educación se da a menudo, si no habitualmente, en una relación jerárquica en la que el/x educadorx tiene el rol de guía y facilitadorx del aprendizaje. Por ejemplo, un maestro que enseña matemáticas a sus estudiantes está contribuyendo a su formación y desarrollo en esa materia específica, con finalidad educativa.

Es preciso y urgente postular que las finalidades e intencionalidades educativas pueden ser realizadas por medio de acciones de acompañamiento, y no solo por enseñanza, en particular aquella que se realiza con modelos derivados de enfoques conductistas o asociacionistas.

Asimismo que ello puede resultar beneficioso, en general, si se desea favorecer la creatividad, la autonomía y las habilidades para la investigación, y en particular si se realiza con personas autistas.

Antes de continuar, un spoiler: este libro no trata sobre conductismo aplicado en educación. Por ello mismo, dada la tendencia aún reinante de interpretar toda educación posible para estudiantes autistas como necesitada de alguna cuota de conductismo, nos detendremos, siquiera brevemente, sobre esto, en sentido del todo positivo. Igualmente no conviene dejar de atender en ningún momento que nuestro planteo educativo apunta hacia el desarrollo; en concreto, hacia aprendizajes que promuevan desarrollo.

1.2 Acompañar, más allá del conductismo en educación

Es bastante conocido que el conductismo se centra principalmente en el condicionamiento de comportamientos a través de estímulos y respuestas, sin necesariamente considerar el aspecto de guiar o apoyar el desarrollo integral de una persona.

En contraposición, el enfoque de acompañamiento que proponemos va más allá de la mera modificación de comportamientos; busca facilitar el crecimiento y el desarrollo de manera holística, teniendo en cuenta no solo las acciones, sino también los procesos cognitivos, emocionales y sociales.

El condicionamiento conductual tiende a enfocarse en resultados conductuales específicos, mientras que el enfoque de acompañamiento busca una transformación integral y significativa en la vida de la persona.

Enfatizamos la necesidad de adoptar enfoques más comprensivos y personalizados en la educación. En lugar de simplemente dirigir comportamientos, se trata de estar presente, de forma compasiva; *pero tampoco solo eso.*

Tabla 1

	Condicionamiento Conductual	Enfoque por Acompañamiento
Enfoque	Se centra en modificar comportamientos a través del establecimiento de asociaciones entre estímulos y respuestas.	Se trata de estar presente y brindar apoyo integral para el crecimiento y desarrollo de la persona en diversos aspectos de su vida
Meta	Lograr respuestas específicas ante estímulos particulares, a menudo utilizando reforzadores o castigos.	Facilitar un desarrollo holístico que abarque aspectos cognitivos, emocionales, sociales y conductuales, con un énfasis en el bienestar y la autonomía.
Enfoque de la persona	Prioriza la modificación de conductas observables, a veces a expensas de la comprensión de los procesos internos de la persona.	Reconoce a la persona en su totalidad, considerando sus necesidades, deseos y potenciales únicos.

Características del condicionamiento conductual y del enfoque de educación por acompañamiento

El conductismo no acompaña, sino, literal, conduce al aprendiz hacia las conductas deseadas por quien instruye. Conlleva una dirección marcada en la cual quien educa asume de modo como necesario un papel predominante, al tener el encargo de impartir instrucciones e instrucción y establecer pautas, sin otorgar a la contraparte la capacidad de influir en las decisiones conforme a sus propios criterios, ritmos, tiempos y preferencias. Aun cuando se realizara con la mejor de las intenciones, este enfoque puede, en muchas ocasiones, desatender verdaderas necesidades de educación y no prestar suficiente atención a prioridades y particularidades de lxs estudiantes.

Por el contrario, un enfoque de acompañamiento en educación supone un proceso que no es unilateral sino más bien colaborativo, y que se adapta de manera flexible a las características individuales de cada aprendiz y promueve, en efecto, una participación activa y un desarrollo personal enriquecido para cada individuo. También de quien realiza el acompañamiento, como se verá.

Por otra parte, no estamos aludiendo al aprendizaje ni al desarrollo como simples y sucesivas adquisiciones de respuestas o habilidades particulares, tal como se aborda en las intervenciones conductistas. Estas últimas se enmarcan en teorías que limitan el aprendizaje a una mera asociación de estímulos y respuestas, y el desarrollo, si existiera, a una sumatoria de logros conductuales compatibles con registros considerados válidos por alguien que observa externamente.

1.3 "Metamorfosis o transformación cualitativa"

También podría ser clave en esto enfocarse en cuáles serían los resultados esperables en uno y otro tipo de acción educativa.

El conductismo aplicado en educación conduce al logro de objetivos de aprendizaje que son como una suma de piezas de rompecabezas. Está en la base de ese sistema el supuesto de que la tarea educativa a realizar sería, precisamente, la adición de consecutivas partes de conocimientos, habilidades o experiencias externas, que completaran un vacío anterior o modificaran algún estado anterior de cosas (en particular, de conductas observables).

En una educación como acompañamiento podrían suceder algunos cambios cuantitativos en quienes aprenden, en el sentido de que suceda por ejemplo que alguien sepa más matemáticas, o alguna conducta pueda ir cambiando de nivel, de menos a más grado de pericia, por ejemplo. Pero sobre todo, se trata de propiciar procesos de *cambio cualitativo* o, en palabras de Vygotsky, esa "metamorfosis o transformación cualitativa" en la que consiste el desarrollo humano. La metáfora del florecer, que hemos empleado ya varias veces, como paradigma de la acción educativa, precisamente apunta y enfatiza este aspecto. Florecer que ocurre en algo que anteriormente había sido semilla; y que luego será fruto, algo con características cualitativamente diferentes a una flor.

En unas palabras de Ángel Rivière encontramos algunas de las claves que necesitamos para comprender este enfoque en algunos de los aspectos a la vez teóricos y prácticos que necesitamos aquí: recuérdese que proponemos el acompañamiento a través de contextos naturales de aprendizaje como forma de acción educativa eficaz, en particular para estudiantes autistas. Escribe Rivière:

"Desde la perspectiva de Vygotsky, el aprendizaje sería una condición necesaria para el desarrollo cualitativo desde las funciones reflejas más elementales a los procesos superiores. En el caso de las funciones superiores, el aprendizaje no sería algo externo y posterior al desarrollo (como para los teóricos más idealistas), ni idéntico a él (como para los más conduccionistas), sino *condición previa* al proceso de desarrollo".[1]

El aprendizaje sería, por tanto, camino hacia el desarrollo y para lograrlo en la práctica habría que *diseñar* o *prever contextos* en los que pudieran tener lugar aprendizajes con diversidad e impacto tal que pudieran darse las metamorfosis o transformaciones cualitativas de las que hablamos.

Previendo también que en procesos de desarrollo así, también los contextos podrían experimentar metamorfosis o transformaciones cualitativas. También en un sentido positivo y floreciente.

---

[1] Ángel Rivière, *La psicología de Vygotski*, Visor/Aprendizaje, 1985.

Capítulo 2

Contextos naturales de aprendizaje

Un poco más adelante nos tocará recurrir a fuentes antiguas. Pero ahora, el chatbot.

Es muy adecuado preguntarle ahora por lo que quiero proponerte ahora que pensemos. Para ir, precisamente, más allá de su robótico (y memorioso) "sentido-común-chatbot", que es justo lo que necesitamos.

2.1 Contextos de aprendizaje en la visión estándar

Le hice dos preguntas seguidas, para conocer lo que, con frialdad característica y una base de datos nada despreciable, podría aportarnos. Primera pregunta: formas estándar de asociar los términos "contexto" y "de aprendizaje".

El chatbot[2] respondió:

Los "contextos de aprendizaje" son entornos o situaciones en los que tiene lugar el proceso de adquirir conocimientos, habilidades y experiencias. Estos contextos pueden variar ampliamente y desempeñar un papel crucial en

---

2 OpenAI. "Conversación con ChatGPT". ChatGPT, 2023, https://www.chat.openai.com.

la forma en que una persona absorbe y aplica nuevos conocimientos.

Existen tres categorías principales de contextos de aprendizaje:

Formales: Son entornos estructurados y organizados específicamente para la educación formal, como escuelas, colegios y universidades. Estos contextos suelen seguir un plan de estudios predeterminado y están regulados por instituciones educativas y autoridades.

No Formales: Incluyen situaciones de aprendizaje que no están vinculadas a instituciones educativas formales. Pueden ser más flexibles y abiertos, y no necesariamente siguen un plan de estudios establecido. Ejemplos de contextos de aprendizaje no formales pueden ser talleres, programas de capacitación laboral y actividades de aprendizaje en comunidad.

Informales: Son situaciones de aprendizaje que ocurren de manera natural en la vida cotidiana, sin una estructura educativa formal. Pueden surgir de manera espontánea y no están necesariamente planificadas. Por ejemplo, aprender de la experiencia, de la interacción con otras personas o de la exploración personal.

Es importante destacar que los contextos de aprendizaje no se limitan únicamente a los espacios físicos, sino que también incluyen el entorno social, emocional y cultural en el que se encuentra una persona. Por lo tanto, la familia, la comunidad y la cultura desempeñan un papel crucial en la configuración de los contextos de aprendizaje.

Pregunté lo que ya sabía, confirmando por esta sencilla vía que el sentido común pedagógico (al menos de un chatbot que podría ser representativo de un estándar de conocimiento) suele centrar y centrarse en la escuela como marco para considerar lo educativo. Sin quitar el hecho de las formalidades que ello implica, de la familia de términos que resulta, es el único que está en positivo: *el contexto de aprendizaje formal es el de las formas escolares, y el resto será no formal o informal, respecto a aquel marco.*

De aquí resulta lo crucial y obvio: por un lado los análisis de las *crisis* de la educación escolar son incesantes, y surgen ahora mismo por doquier sistemas alternativos, algunos de ellos desde el corazón mismo de los sistemas educativos, al ritmo de los cambios que impuso la pandemia por COVID-19. Por otro lado, cierto sentido común sobre lo escolar continúa defendiendo prácticamente lo indefendible, haciendo cada vez más alambiques para mantener los sistemas educativos tal y como estaban, incluso pre-pandemia. Dejo esto aquí para retomarlo luego, y vamos a mi segunda pregunta al chatbot: *¿qué relación tiene o podría tener lo que dices con la teoría sobre contextos de Urie Bronfenbrenner?*

Sería bueno recordarla como base para seguir nuestro camino, e ir también un poquito más allá.

2.2 Contextos ecológicos de aprendizaje

En primer lugar, el chatbot me corrigió, con sutileza, e hizo, como esperaba, una síntesis de lo más conocido de esa teorización sobre contextos, que copio:

La teoría de Urie Bronfenbrenner, conocida como el Modelo Ecológico del Desarrollo Humano, proporciona un marco teórico valioso para comprender la influencia de los contextos en el desarrollo de una persona. Según Bronfenbrenner, el desarrollo de un individuo está influenciado por múltiples sistemas o contextos, que van desde el más cercano y directo al individuo hasta el más amplio y distante. Estos sistemas incluyen:

Microsistema: Se refiere al entorno inmediato en el que el individuo interactúa de manera directa, como la familia, la escuela, el vecindario y otros contextos sociales cercanos. Los procesos de aprendizaje y desarrollo son influenciados en gran medida por las interacciones en este nivel.

Mesosistema: Refiere a las conexiones entre diferentes microsistemas. Por ejemplo, la relación entre la familia y la escuela o entre el hogar y la comunidad. Estas interconexiones pueden tener un impacto significativo en el desarrollo y aprendizaje de una persona.

Exosistema: Incluye contextos en los que el individuo no participa de manera directa, pero que aún así influyen en su desarrollo. Esto puede abarcar instituciones como el lugar de trabajo de los padres, las políticas gubernamentales y otros sistemas sociales más amplios.

Macrosistema: Se refiere a las influencias culturales, sociales y políticas más amplias que afectan a todas las capas anteriores. Esto puede abarcar creencias culturales, normas sociales y políticas gubernamentales a nivel nacional o incluso global.

Cronosistema: Considera los cambios y transiciones a lo largo del tiempo, así como los eventos históricos que pueden tener un impacto en el desarrollo del individuo.

En relación a los contextos de aprendizaje, la teoría de Bronfenbrenner sugiere que estos no solo se limitan al entorno educativo formal, sino que están entrelazados con una red de sistemas que influyen en el desarrollo de una persona. Por lo tanto, al considerar los contextos de aprendizaje, es crucial tener en cuenta la interacción compleja entre estos diferentes niveles y cómo afectan el proceso de adquisición de conocimientos y habilidades.

Las implicaciones de estas consideraciones aún están siendo descubiertas, generación tras generación, aunque Bronfenbrenner las enunció en su célebre libro de 1979[3]. Igualmente, plantean una noción de contexto como complejo marco de la acción humana y social.

El acompañamiento educativo al que nos referimos a través de contextos de aprendizaje es algo más que como un viaje entre entornos o ambientes - aunque sin desatender esa base ecológica.

2.3 Contexto de aprendizaje como "tercer maestrx"

De forma literal, realizar educación como acompañamiento entre contextos de aprendizaje es hacer un recorrido entre entornos dinámicamente interconectados, a lo Bronfenbrenner.

Asimismo en ellos se realiza algo que fue enfatizado una de las fuentes educativas nacidas en el siglo XX, y que podría ser útil recordar ahora: estamos hablando de *contextos educativos*. Para la pedagogía Reggio Emilia, el entorno es un *tercer maestrx* (luego de la colaboración entre elx mismx niñx, cuya actividad es resaltada por este enfoque pedagógico, y la de lxs maestrxs).

La personificación que la pedagogía Reggio Emilia hace del contexto educativo en esa

---

[3] U. Bronfenbrenner, *The Ecology of Human Development. Experiments by Nature and Design.* Harvard University Press, 1979.

definición es bastante elocuente del papel que se le adjudica en la interacción con la subjetividad delx aprendiz. Se lo considera un agente activo, y no solo un espacio pasivo, o incluso un entorno ecológicamente dinámico.

La noción de agencia que queda en medio es especular tanto de la que se atribuye alx niñx como a la que lxs demás maestrxs (lxs educadorxs y el propio entorno de aprendizaje) reconocen y promueven activamente.

Esta noción de contexto con agencia nos da pie suficiente para seguir avanzando, un paso más.

2.4 Contextos transaccionales de desarrollo

Recordemos, de nuevo, que la noción de aprendizaje que estamos trabajando es *aprendizaje para el desarrollo*. Un modelo teórico sobre el desarrollo nos dará otra de las pistas que nos faltan para la comprensión de los contextos de aprendizaje para el desarrollo.

El modelo transaccional de B. Sameroff enfatiza, precisamente, la naturaleza dinámica e interactiva de las relaciones entre los individuos y su entorno, y se centra en cómo los individuos son influenciados por las interacciones constantes y bidireccionales entre ellos y los contextos de los que son parte.

2.5 Contextos de familiarización con el mundo

Cuando hablamos de contextos de aprendizaje no nos referimos a *aprendizaje solo para aprender*, por decirlo así, a la manera conductista, sino a aprendizaje comprometido en la vida delx aprendiz, su agencia y su intencionalidad propia, en sus propios términos. Aprendizaje para el progreso en todos los ámbitos y dimensiones de la existencia, de manera integral, y no solo en relación con dominios de conocimiento o experiencia.

En esta perspectiva, los contextos de aprendizaje son a la vez escenario, ocasión y compañerx/maestrx.

Hay un contexto natural de aprendizaje allí donde una persona puede ir encontrándose a sí misma y desarrollándose en sus propios términos, y familiarizándose con el mundo.

Como contexto de familiarización, en sentido metafórico podría ser visto parte de nuestro hogar propio, y personal, aunque sea algo que solo se atraviesa. Los contextos de aprendizaje configuran dimensiones de nuestra experiencia que conforman parte de la propia subjetividad.

Pueden desarrollarse dinámicamente con las personas porque van más allá de la materialidad de los entornos o ambientes, y pueden ser experimentados de formas infinitamente diversas y cambiantes.

Si bien son instancias de tiempo y lugares específicos, los contextos de aprendizaje son más bien como una forma de estar que subjetivamente está abierta al desarrollo, la exploración y el cambio.

Por tanto, en principio podrían ser cualquier lugar, o ninguno, aún si se tratara con "contextos educativos" o "de aprendizaje" con recursos materiales o personales mejor dispuestos.

Un contexto de aprendizaje lo es cuando se lo trata *como si lo fuera*. En parte, ello puede depender de quien tiene la intencionalidad educativa, y por tanto los contextos de aprendizaje para el desarrollo pueden ser creados y promovidos.

En las páginas que siguen repasaremos modos y modelos conocidos, de diferentes épocas, sobre qué puede significar en la práctica la educación como acompañamiento a través de contexto de aprendizaje para el desarrollo.

Es preciso hacer aún un paso previo. Como la noción misma de educación podría continuar siendo algo nublada por la de escolarización, incluso para rescatar la riqueza enorme de este término conviene hacer un repaso de algunos de los orígenes de la noción de escuela como contexto central de aprendizaje que podríamos tener naturalizada.

Capítulo 3

Entre Comenio y los hackathones

3.1 Revisitar supuestos en educación

Jan Amos Comenio fue un destacado educador, filósofo y teólogo checo que vivió en el siglo XVII, y es considerado uno de los padres fundadores de la pedagogía moderna y dejó un legado duradero en el campo de la educación. Sus ideas fueron revolucionarias para su tiempo. De forma visionaria, en su *Didactica Magna* propuso una educación universal, la importancia del aprendizaje activo y la experiencia directa, entre otros aspectos que marcaron hitos clave en la historia de la educación.

Sin embargo, es importante reconocer que el contexto y las necesidades educativas han evolucionado desde entonces. Algunos de los principios que Comenio propuso pueden haber perdido relevancia o necesitan ser reconsiderados a la luz de los cambios en la sociedad y la educación.

La identificación entre educación y escuela es una noción arraigada en nuestra sociedad, que a menudo se asume como una verdad incuestionable. Sin embargo, es importante deconstruir esta asociación para poder entender y apreciar la diversidad de formas en las que el aprendizaje y la educación pueden tener lugar.

Ello incluso puede ser visto como homenaje al genio de Comenio y su papel en la historia.

La deconstrucción de esta asociación entre educación y escuela permite una perspectiva más inclusiva y flexible sobre cómo se puede facilitar el aprendizaje y el desarrollo de las personas. Esto es especialmente relevante en un mundo en constante cambio donde las necesidades educativas y las formas de acceder al conocimiento están evolucionando.

Reconocer que la educación no se limita a la estructura formal de la escuela abre la puerta a una gama más amplia de posibilidades educativas. Esto incluye el aprendizaje en entornos naturales y la educación como acompañamiento, que se puede realizar en diversidad de formatos que, desde la Antigüedad hasta hoy continúan realizando aprendizaje para el desarrollo.

3.2 De Fébidas al chatbot, pasando por lxs asistentes pedagógicxs

"Chat, ¿en qué te pareces tú a los pedagogos de la Antigua Grecia?"

La palabra *pedagogo* tiene larga historia, con cambios de sentido e idas y vueltas, tal vez. En la Antigua Grecia, παιδαγωγός designaba al esclavo a quien se encargaba aconsejar, cuidar, aconsejar y a veces también defender a lxs hijxs de familias acomodadas,, así como acompañarles, por ejemplo a la escuela.

El chatbot se reconoció algo similar en funciones:

En muchos aspectos, mi función como asistente virtual se asemeja a ciertos roles que desempeñaban los pedagogos en la Antigua Grecia, -me dijo-, aunque con algunas diferencias importantes:

Facilitador del Aprendizaje: Al igual que los pedagogos, mi objetivo principal es facilitar el aprendizaje y proporcionar información y orientación.

Disponibilidad Constante: Al igual que un pedagogo, estoy disponible en cualquier momento para responder preguntas y proporcionar asistencia.

Adaptabilidad: Así como los pedagogos adaptaban sus métodos de enseñanza a las necesidades individuales de los estudiantes, yo puedo personalizar mis respuestas y sugerencias según las necesidades del usuario.

Sin embargo, hay diferencias clave:

Tecnología Avanzada: Soy una aplicación de inteligencia artificial desarrollada por OpenAI, mientras que los pedagogos de la Antigua Grecia eran personas reales.

Conocimiento Basado en Datos: Mi conocimiento está basado en grandes cantidades de datos y algoritmos de procesamiento del lenguaje natural, mientras que los pedagogos de la

Antigua Grecia se basaban en su experiencia y conocimientos personales.

Ámbito de Conocimiento: Mi conocimiento se extiende a una amplia variedad de temas, mientras que los pedagogos de la Antigua Grecia a menudo se especializaban en áreas específicas como la retórica, la filosofía, etc.

En resumen, aunque hay similitudes en nuestro papel como facilitadores del aprendizaje, las diferencias tecnológicas y en el alcance de nuestro conocimiento nos distinguen de los pedagogos de la Antigua Grecia.

Es bien interesante esa respuesta. El chatbot se reconoce semejante (aunque más avanzado en algunos aspectos respecto a capacidades técnicas o fácticas), porque en efecto existen formas de acompañamiento a través de contextos de aprendizaje que se han dado de diferentes formas a lo largo de la historia.

La *asistencia pedagógica* es una de las formas que podría tomar el acompañamiento a través de contextos naturales de aprendizaje.

Lxs asistentes pedagógicxs desempeñan un papel crucial en el ámbito educativo, tanto dentro de las instituciones educativas tradicionales y también acompañando a través de contextos naturales de desarrollo.

Es propio de estxs profesionales proporcionar apoyo y asistencia adicional a estudiantes y también a otros educadorxs. Su rol suele estar supervisado por otrxs profesionales, con quienes forma equipo.

Sus funciones pueden variar según el contexto y el nivel educativo, pero algunas de las responsabilidades comunes de lxs asistentes pedagógicxs incluyen:

Apoyo individualizado
Brindan apoyo individualizado a estudiantes que pueden necesitar atención adicional en áreas específicas, ya sea en términos de comprensión del material, habilidades de estudio o necesidades especiales.

Apoyo en la planificación de lecciones
Ayudan a lxs educadores en la preparación y planificación de lecciones, proporcionando recursos adicionales, ideas creativas y estrategias de enseñanza. Su trabajo puede resultar útil a padres/madres o cuidadores que realizan educación en el hogar (homeschooling).

Supervisión y seguimiento
Observar el comportamiento y el progreso de lxs estudiantes, y proporcionar retroalimentación a lxs educadores sobre el rendimiento y las áreas de mejora. Su contribución puede ser importante para realizar un adecuado monitoreo en una variedad de circunstancias, con posible utilidad para el diseño y la planificación educativa personalizada..

Apoyo en actividades grupales

Su acompañamiento en actividades grupales puede facilitar la participación y la colaboración, asegurándose de que todxs lxs estudiantes estén involucradxs y comprendan las tareas asignadas.

Apoyo a estudiantes con necesidades peculiares

Puede acompañar proporcionando asistencia específica y personalizada a estudiantes con discapacidades o peculiares necesidades, de modo temporario o permanente, adaptando materiales y actividades según sea necesario.

Gestión del actividades en distintos contextos

Lxs asistentxs pedagógicxs pueden ayudar a mantener un ambiente positivo y productivo en diversos contextos. Su acompañamiento puede contribuir a abordar situaciones en las que las personas tengan alguna incomodidad o necesidad de ayuda, así como mediar o intervenir adecuadamente para que cada estudiante se sientan segurx y respetadx.

Facilitar la comunicación

Lxs asistentes pedagógicxs pueden facilitar la comunicación en diversidad de situaciones, valiéndose de recursos personalizados y contextualizados..

Apoyo en tecnología educativa

Asisten a lxs estudiantes en el uso de herramientas y tecnologías educativas, como computadoras, software educativo, entre otros, contribuyendo a la autonomía y el logro de las metas que se proponen lxs estudiantes.

Promover la inclusión

Lxs asistentes pedagógicxs trabajan para asegurarse de que todos lxs estudiantes se sientan incluidos en los diversos contextos, y que tengan igualdad de oportunidades para participar y aprender.

Apoyo emocional y socioemocional

Pueden brindar apoyo emocional a lxs estudiantes, especialmente en momentos de estrés o dificultades personales. En caso necesario, también hacer acompañamiento para la intervención de profesionales de salud mental, si ello fuera necesario.

Es importante destacar que la función exacta de unx asistente pedagógicx puede variar dependiendo del nivel educativo (preescolar, primaria, secundaria, etc.) y del entorno educativo específico. Estas son solo algunas de las funciones comunes que pueden desempeñar.

Asimismo que la educación es una tarea indelegable y no basta un mero acompañamiento fáctico o una asistencia técnica. La educación como acompañamiento a través de contextos de aprendizaje tiene como base una intencionalidad educativa.

3.3 De los talleres medievales a los bootcamps

A lo largo de la historia, e incluso hoy existieron contextos de aprendizaje caracterizados por la existencia de una persona que se considera experta y que transmite habilidades y conocimientos, en general respecto a algún campo específico. En este tipo de contextos de aprendizaje es típico que el aprendizaje se de por observación y emulación del comportamiento y las técnicas delx expertx o maestrx.

En los antiguos talleres medievales, por ejemplo, lxs aprendices (generalmente varones) a menudo se unían a talleres o gremios donde recibían formación intensiva en oficios específicos, como la carpintería, herrería o alfarería. Estos programas de aprendizaje eran intensivos y se centraban en el desarrollo de habilidades prácticas.

Durante el siglo XIX, en la Revolución Industrial, surgieron escuelas de artes y oficios que ofrecían programas de formación intensiva en habilidades prácticas como la ingeniería, la arquitectura y la artesanía.

Los *bootcamps* actuales (también conocidos como campos de entrenamiento) siguen líneas similares como contextos de aprendizaje. Son programas intensivos y enfocados en el aprendizaje y desarrollo de habilidades específicas, en este caso en un corto período de tiempo. Los bootcamps son diseñados para proporcionar a lxs participantes un entrenamiento práctico y rápido en áreas especializadas, como programación de software, análisis de datos, diseño gráfico, marketing digital, entre otros.

En todos estos contextos históricos, es plausible que se haya utilizado el aprendizaje por modelado como una forma efectiva de transmitir habilidades y conocimientos.

El **aprendizaje por modelado**, también conocido como **aprendizaje observacional o imitativo**, es un proceso mediante el cual las personas adquieren nuevos comportamientos, habilidades o conocimientos al observar y emular a alguien que ya posee esas habilidades o conocimientos.

Algunas características del aprendizaje por modelado que pueden resultar útiles para una educación por acompañamiento a través de contextos de aprendizaje son::

Proceso observacional

En el aprendizaje por modelado, elx aprendiz observa activamente el comportamiento del modelo y presta atención a los detalles específicos de cómo realiza una tarea o actividad.

En el acompañamiento a través de contextos de aprendizaje hay que destacar que ya la forma de conducirse, hablar, etc., es fuente de aprendizaje en todas las dimensiones. Parece necesario que quienes realicen educación como acompañamiento en diversos contextos de aprendizaje tomen conciencia de estas implicaciones.

Identificación con el modelo

Elx aprendiz tiende a identificarse con el modelo, especialmente si le admira o percibe similitudes entre sí mismx y el modelo. Esta identificación facilita el proceso de imitación.

El acompañamiento en ocasiones puede ser para observar e imitar a otra persona que es modelo y está dentro de su propio contexto de actividad, por ejemplo.

Atención, Retención, Reproducción y Motivación (ARRM)

Estos son los cuatro procesos principales en el aprendizaje por modelado según la teoría social cognitiva de Albert Bandura.

Primero, elx aprendiz presta atención al modelo y al comportamiento que está demostrando.

Luego, retiene en su memoria lo que ha observado.

Después, reproduce el comportamiento en su propio contexto.

Por último, la motivación juega un papel importante en la determinación de si elx aprendiz seguirá repitiendo el comportamiento observado.

Refuerzo y consecuencias

La retroalimentación positiva o las consecuencias favorables después de emular el comportamiento pueden reforzar el aprendizaje y motivar al individuo a continuar imitando.

Es preciso destacar que el aprendizaje por modelado no es una forma de conductismo, y que la imitación en este contexto tiene diversa explicación teórica. Asimismo que el modelado puede formar parte de un proceso reflexivo y colaborativo entre quien acompaña y quien está en su proceso de aprendizaje.

Aplicación en diferentes contextos

El aprendizaje por modelado se aplica en una amplia variedad de contextos, desde el aprendizaje de habilidades prácticas y técnicas, hasta la adopción de actitudes y comportamientos sociales.

Limitaciones y cautelas

Aunque el aprendizaje por modelado es una herramienta poderosa, no siempre es eficaz en todas las situaciones. La habilidad del modelo, la atención del aprendiz y la presencia de reforzadores son factores importantes que pueden influir en la efectividad del proceso.

Quien modela, en el proceso de aprendizaje por modelado, es crucial y puede tener un impacto significativo en la efectividad del proceso. Algunas funciones importantes que desempeña el modelo y pueden ser útiles a quien realice acompañamiento a través de contextos de aprendizaje son:

Demonstración clara y precisa

El modelo debe proporcionar una demostración clara y precisa del comportamiento, habilidad o conocimiento que se está enseñando. Esto implica realizar la tarea de manera que elx aprendiz pueda comprender y reproducir fácilmente.

Accesibilidad y visibilidad

Exl modelo debe ser accesible para elx aprendiz, lo que significa que elx aprendiz debe poder observar al modelo en acción. En algunos casos, esto puede requerir que elx modelo esté físicamente presente, mientras que en otros, puede implicar el uso de medios de comunicación como videos o imágenes.

Comunicación y explicación
En algunos casos, elx modelo puede complementar la demostración con explicaciones verbales o instrucciones claras. Esto puede ayudar alx aprendiz a comprender los pasos o conceptos detrás de la acción que están observando.

Motivación y actitud positiva
Elx modelo puede influir en la motivación delx aprendiz a través de su actitud y enfoque hacia la tarea. Unx modelo entusiasta y positivx puede inspirar alx aprendiz y aumentar su interés en aprender.

Disposición a ser imitado
Elx modelo debe estar dispuestx a ser imitadx y debe entender que su comportamiento está siendo observado y emulado por elx aprendiz.

Posibilidad de retroalimentación
En algunos casos, elx modelo puede proporcionar retroalimentación alx aprendiz después de que intenta reproducir la tarea. Esta retroalimentación constructiva puede ayudar alx aprendiz a mejorar y perfeccionar sus habilidades.

Establecimiento de normas y expectativas
Elx modelo puede establecer un estándar de excelencia y mostrar alx aprendiz lo que se espera en términos de desempeño y habilidades.

En resumen, el modelo desempeña un papel activo en guiar y facilitar el proceso de aprendizaje por modelado. Su habilidad para demostrar, comunicar y motivar puede tener un impacto significativo en la efectividad del aprendizaje del individuo.

El aprendizaje por modelado es una forma importante de adquirir nuevas habilidades y conocimientos, y ha sido una parte integral de la transmisión de conocimiento y cultura a lo largo de la historia. Es una forma común que puede ser útil asimismo a persona autistas. No se confunde ni debiera confundirse con ninguna promoción de camuflaje o masking; por el contrario, brinda ocasión de aprendizaje, toma de conciencia y diálogo con personas con quienes puede acompañar un proceso de progresiva mayor autonomía, descubrimiento y autenticidad.

3.4 Méntor, Telémaco y el scaffolding (andamiaje)

Quien realiza educación por medio del acompañamiento a través de contextos naturales de aprendizaje muchas veces puede visualizar que su tarea es semejante a la que relata el mito registrado en la *Odisea*, sobre la guía y orientación que Telémaco, hijo de Ulises, recibió de Méntor, antiguo amigo de su padre, en ausencia de éste. Las mentorías, en las que una persona con experiencia y sabiduría guía y apoya a alguien más joven o menos experimentads, toman su nombre de allí.

Sin ser la misma tarea, ni por objetivos, técnicas, formación necesaria, etc., las mentorías se parecen a algunos otros tipos de relación de acompañamiento, como tutoría, coaching y orientación.

Uno de los aspectos destacables que se suelen encontrar en estas diferentes formas profesionales de acompañamiento es que realizan la noción de *scaffolding* (**andamiaje**, en español).

Este concepto, al igual que la concepción sobre la relación entre aprendizaje que revisamos al hilo de palabras de Á. Rivière, proviene de la teoría educativa asociada con el psicólogo Lev Vygotsky. El andamiaje se refiere al apoyo temporal y ajustado que unx guía o tutorx proporciona a unx aprendiz para ayudarle a realizar una tarea o adquirir un conocimiento que está más allá de su capacidad actual. La metáfora consiste en un dispositivo que se pone de modo temporario, para posibilitar que una obra de construcción continúe y crezca, y se retira luego.

Si bien la noción de andamiaje se originó en la teoría de Vygotsky, fue Jerome Bruner quien la popularizó y desarrolló aún más en el contexto de la psicología y la educación.

Destacando la importancia de la interacción social y la colaboración en el proceso de aprendizaje, Bruner amplió la idea de andamiaje describiéndola como una serie de estrategias que el tutor o guía utiliza para apoyar al aprendiz en la adquisición de habilidades o conocimientos. Estas estrategias están diseñadas para ser temporales y se adaptan a las necesidades y capacidades del aprendiz.

El andamiaje implica una serie de estrategias y técnicas que facilitan el aprendizaje y el logro de objetivos, y puede resultar de utilidad que quienes realizan educación por acompañamiento en contextos de aprendizaje para el desarrollo las conozcan:

Modelado

El guía demuestra cómo realizar la tarea o resolver el problema, proporcionando un ejemplo claro y efectivo.

Preguntas orientadoras

El guía plantea preguntas que desafían al aprendiz a reflexionar y pensar de manera crítica sobre la tarea o el contenido.

Feedback

Elx guía ofrece retroalimentación específica y constructiva sobre el desempeño del aprendiz, resaltando lo que se hizo bien y sugiriendo mejoras.

División de la tarea

El guía divide la tarea en pasos más pequeños y manejables, facilitando así el proceso de aprendizaje.

Apoyo en la resolución de problemas

El guía ayuda al aprendiz a identificar y abordar los desafíos y obstáculos que surgen durante el proceso.

Proporcionar herramientas y recursos

El guía provee las herramientas, materiales o recursos necesarios para llevar a cabo la tarea de manera efectiva.

El andamiaje es dinámico y se ajusta a medida que elx aprendiz progresa. A medida que elx estudiante adquiere habilidades y confianza, el apoyo de quien acompaña disminuye gradualmente, permitiendo que elx aprendiz asuma una mayor responsabilidad y autonomía en el proceso de aprendizaje.

El objetivo final del andamiaje es fomentar la independencia y la capacidad de aprendizaje autodirigido en elx estudiante. Al proporcionar apoyo personalizado y específico, se busca que elx aprendiz adquiera las habilidades y conocimientos necesarios para abordar tareas similares en el futuro por sí mismx.

3.6 De novatxs a expertxs, hasta el infinito y más allá

El acompañamiento a través de contextos de aprendizaje muchas veces tiene la finalidad de introducir tanto en una comunidad de prácticas (por ejemplo, la de quienes se dedican a una especialidad en el conocimiento) como hacer el delicado pasaje de ser novatx a expertx.

El enfoque de expertos y novatos, que fue estudiado y cultivado en Psicología y en educación en los '80 y '90, se basa en la idea de que lxs expertxs y lxs novatxs en un campo de conocimientos abordan los problemas y situaciones de manera diferente. Esta perspectiva sugiere que el conocimiento de una persona experta está organizada de manera significativamente diferente al conocimiento de unx novatx en un campo específico.

Tabla 2

	Expertos	Novatos
Conocimiento	Tienen una estructura de conocimiento altamente organizada y jerarquizada en su campo de experiencia. Ven los problemas desde una perspectiva global y pueden identificar patrones y relaciones complejas.	Lxs novatxs tienen un conocimiento menos organizado y detallado en comparación con los expertos. Su comprensión del campo es más superficial y menos estructurada.
Estrategias	Tienen acceso a una amplia gama de estrategias y técnicas efectivas para abordar problemas en su campo. Pueden seleccionar y aplicar estrategias de manera rápida y precisa.	Lxs novatxs tienen un conjunto limitado de estrategias a su disposición y pueden depender, incluso inadvertidamente, de enfoques simplificados o reglas generales para abordar problemas.
Metacognición	Son conscientes de sus procesos de pensamiento y pueden explicar y justificar sus decisiones y acciones. Tienen una comprensión profunda de cómo abordan los problemas. Pueden cambiar de estrategias de solución con flexibilidad.	Lxs novatxs pueden tener dificultades para explicar o justificar sus decisiones. Pueden no ser conscientes de los procesos de pensamiento o de resolución de problemas que utilizan.

Diferencias cognitivas y metacognitivas entre expertxs y novatxs

Para facilitar la transición de ser unx novatx a convertirse en unx expertx en un campo particular, es posible implementar estrategias de enseñanza y acompañamiento específicas, en torno a la **resolución de problemas y desafíos** y el **aprendizaje por descubrimiento**.

Modelado y demostración
Lxs expertos deben proporcionar ejemplos claros y demostraciones de cómo abordan problemas y situaciones en su campo. Esto ayuda a los novatos a visualizar y comprender el proceso.

Práctica guiada
Lxs novatxs necesitan oportunidades para practicar bajo la guía y el apoyo de unx expertx. Durante esta fase, el experto puede proporcionar instrucciones detalladas y retroalimentación específica.

Feedback constructivo
Proporcionar retroalimentación detallada y específica sobre el desempeño de los novatos es fundamental. Esto les permite identificar áreas de mejora y comprender cómo mejorar sus habilidades.

Desarrollo de la metacognición
Ayudar a lxs novatxs a reflexionar sobre su propio proceso de pensamiento y toma de decisiones. Preguntas como "¿Qué estrategias utilizaste? ¿Por qué elegiste esa estrategia?" pueden fomentar la metacognición.

Enfocarse en la resolución de problemas auténticos

Proporcionar a lxs novatxs problemas o situaciones del mundo real que requieran la aplicación de conocimientos y habilidades relevantes. Esto les permite ver la relevancia y la utilidad del aprendizaje.

Fomentar la curiosidad y la exploración

Estimular la curiosidad y la iniciativa de lxs novatxs para que busquen respuestas y soluciones por sí mismxs. Esto promueve la autonomía y el interés en el aprendizaje autogestionado.

Proporcionar oportunidades de aplicación práctica

Permitir a los novatos aplicar lo que han aprendido en contextos reales o simulados. Esto fortalece la transferencia de conocimientos y habilidades a situaciones auténticas.

Fomentar la persistencia y la resiliencia

Animar a los novatos a enfrentar desafíos y a superar obstáculos. Ayudarles a desarrollar una mentalidad de crecimiento y a ver los errores como oportunidades de aprendizaje.

Promover la colaboración y el diálogo

Fomentar la discusión y la colaboración entre novatos y expertos. Esto permite intercambiar ideas y perspectivas, lo que enriquece el proceso de aprendizaje.

Establecer metas y desafíos graduales
Establecer metas realistas y alcanzables que desafíen a los novatos a superarse a sí mismos de manera progresiva.

Estas estrategias se centran en proporcionar un apoyo estructurado y efectivo a los novatos a medida que desarrollan su competencia y confianza en un campo específico. Al hacerlo, se promueve una transición más fluida hacia el estatus de experto.

Es crucial **alentar a lxs novatxs a enfrentar desafíos** que, aunque puedan parecer inicialmente abrumadores o difíciles de resolver, les brinden oportunidades de aprendizaje para el desarrollo. Esta participación valiente puede ser fomentada, apoyada y sostenida por medio del acompañamiento, a través de:

Cultivar una mentalidad de desarrollo
Ayuda a lxs novatxs a adoptar una mentalidad de crecimiento, donde vean los desafíos como oportunidades de aprendizaje y crecimiento en lugar de obstáculos insuperables. Como en otros aspectos, el modelado por parte de quien acompaña y otras personas de los contextos naturales donde se interactúa puede ser clave.

Proporcionar apoyo y orientación
Asegurarse de que lxs novatxs sepan que cuentan con el apoyo y la orientación de lxs expertxs. Deben sentirse segurxs de que, incluso si el desafío parece difícil, tienen recursos y ayuda disponibles.

Establecer expectativas realistas y a la vez ambiciosas

Aunque los desafíos pueden ser difíciles, es importante que lxs novatxs se sientan capaces de abordarlos en un nivel adecuado para su nivel actual de habilidad y conocimiento. Al mismo tiempo, que vayan afrontando mayores desafíos.

Celebrar el progreso y los logros

Reconoce y celebra los avances, incluso si no se logra una solución completa. Esto refuerza la confianza de lxs novatxs y les motiva a seguir enfrentando desafíos.

Fomentar la autonomía y la iniciativa

Anima a lxs novatxs a proponer sus propias soluciones y enfoques para los desafíos. Esto les da un sentido de propiedad y empoderamiento sobre el proceso.

Promover la colaboración

Facilita la colaboración entre novatxs y expertxs, así como entre compañerxs novatxs. Juntxs, pueden abordar desafíos de manera más efectiva y aprender unxs de otrxs.

Crear un ambiente de aceptación de errores

Dejar en claro que está bien cometer errores y que son parte natural del proceso de aprendizaje. Los errores son oportunidades de aprendizaje.

Demostrar confianza en sus capacidades

Expresa confianza en las habilidades y el potencial de lxs novatxs. Esto les da un impulso de confianza para abordar desafíos de manera más audaz.

Al alentar a los novatos a enfrentar desafíos, no solo están adquiriendo habilidades y conocimientos valiosos, sino que también están desarrollando una mayor confianza en sí mismxs y en su capacidad para superar obstáculos en el futuro. Esto contribuye significativamente a su crecimiento y desarrollo como aprendices.

Si bien el aprendizaje autodirigido es una excelente vía de aprendizaje, el acompañamiento a través de contextos naturales de aprendizaje puede ser una vía regia para el desarrollo, en particular de la autonomía, el autoconocimiento, la creatividad y la invención.

Puede implicar una combinación de varias de las formas de abordaje antes comentadas.

3.7 Asumir las propias limitaciones, ignorancias y errores y avanzar, a hombros de gigantes

La educación por acompañamiento a través de contextos de aprendizaje resalta la importancia del diálogo y la participación activa delx estudiante en su propio proceso de aprendizaje. También como andamiaje, quien acompaña es modelo respecto a su propio camino de autenticidad.

Un camino de desarrollo no es una línea recta ni un cuaderno sin manchas, sino más bien como una aventura en la cual vamos aprendiendo mientras andamos.

Ello parece en particular importante en estos tiempos de explosión del conocimiento disponible y también de la necesidad de **reconocer nuestras limitaciones, ignorancia, error**, como parte del camino de conocer y construir en educación. Como única forma de avanzar en el conocimiento y la experiencia, sumar nuestro camino **a hombros de gigantes**, para construir un camino acompañado por las demás personas, del presente y del pasado (y ahora también por simpáticos bots).

Otra vez, ejemplos y autores de diferentes épocas y lugares pueden servirnos como inspiración.

Sócrates y el diálogo filosófico
Sócrates creía en el poder del diálogo para estimular el pensamiento crítico y la búsqueda de la verdad. A través de preguntas reflexivas, guio a sus alumnos a cuestionar y explorar conceptos fundamentales.

Promoción de la curiosidad y el cuestionamiento
Alentar a los estudiantes a hacer preguntas, plantear dudas y cuestionar lo que aprenden fomenta un ambiente de aprendizaje activo y reflexivo.

Reconocimiento de la ignorancia como punto de partida
Aceptar la propia ignorancia es el primer paso hacia el aprendizaje. Lxs estudiantes deben sentirse libres de admitir lo que no saben y estar dispuestos a aprender.

Valorar la diversidad de perspectivas

Reconocer que cada estudiante tiene su propia voz y perspectiva enriquece el diálogo y promueve la construcción colectiva del conocimiento.

Cultivar la empatía y la escucha activa
Tanto el docente como el estudiante deben practicar la empatía y la escucha activa para comprender y apreciar las diferentes experiencias y puntos de vista.

Aprendizaje como viaje compartido
Tanto el docente como el estudiante están en un viaje conjunto de descubrimiento y crecimiento. Ambos aprenden y se enriquecen a través del proceso.

Fomentar la autonomía y la responsabilidad
Alentar a los estudiantes a asumir la responsabilidad de su propio aprendizaje y tomar la iniciativa en su proceso de indagación.

Estimular la creatividad y la innovación
El diálogo y el cuestionamiento pueden ser fuentes de inspiración para la generación de nuevas ideas y enfoques creativos.

Promover la metacognición y la autorreflexión
Ayudar a los estudiantes a reflexionar sobre su propio proceso de aprendizaje y desarrollar habilidades metacognitivas para planificar, monitorear y evaluar su aprendizaje.

Esta perspectiva resalta la importancia de ver la educación como un proceso dinámico de diálogo, descubrimiento y crecimiento mutuo entre elx docente y elx estudiante.

Recordar que vamos a hombros de gigantes nos da realismo y también confianza. Algunas formas concretas en que se puede acompañar esta gozosa y responsable toma de conciencia son las siguientes:

Honrar la tradición y el legado del conocimiento

Reconocer y valorar las contribuciones pasadas en el campo del aprendizaje y la educación es fundamental para comprender el contexto actual y las bases sobre las cuales se construye.

Reconocer la importancia de las influencias previas

Entender que nuestras ideas y avances no surgen en un vacío, sino que están influenciados y enriquecidos por el trabajo de aquellos que nos precedieron.

Promover la innovación y la creatividad

Al mismo tiempo, se alienta a los estudiantes y educadores a desafiar y expandir los límites del conocimiento existente, contribuyendo con nuevas perspectivas y enfoques.

Fomentar la reflexión y la reevaluación constante

A través de la reflexión continua, los educadores y estudiantes pueden revisar y actualizar sus comprensiones y enfoques a medida que avanzan en su viaje de aprendizaje.

Apreciar la diversidad de contribuciones

Reconocer que hay muchas "gigantes" cuyos hombros podemos elegir para pararnos. Esto puede incluir una variedad de teorías, enfoques y perspectivas que enriquecen la comprensión y práctica del aprendizaje y la educación.

Fomentar la colaboración y el intercambio de ideas

Trabajar en comunidad y compartir conocimiento permite un crecimiento más rápido y una mayor expansión de la comprensión colectiva.

Desarrollar la habilidad para sintetizar y integrar conocimientos

La capacidad de integrar y unificar diferentes ideas y enfoques es esencial para avanzar en la comprensión y la práctica.

Mantener una actitud de humildad y gratitud

Reconocer que cada avance y logro es el resultado de un esfuerzo colectivo y de la contribución de muchos.

Esta metáfora subraya la importancia de apreciar y aprender de las contribuciones anteriores, mientras se busca constantemente avanzar y expandir el conocimiento y la práctica en el campo de la educación.

Capítulo 4

Acompañamiento a través de contextos naturales de aprendizaje y Proyectos Educativos Individualizados (PEI)

La educación como acompañamiento a través de contextos de aprendizaje se basa en una planificación y diseño conscientes para crear entornos que fomenten el crecimiento y el aprendizaje de manera significativa. Esta intencionalidad es esencial para garantizar que el acompañamiento se traduzca en un progreso educativo efectivo y en el florecimiento del individuo.

Acompañamiento en contextos naturales no debería ser sinónimo, en la práctica, de caos. Tampoco sería esperable el orden y la previsibilidad que solo podría tener un currículo basado en presupuestos conductistas.

Una planificación flexible es, por tanto, necesaria. Puede ser diseñada con el modelo de Proyectos Educativos Individualizados (PEI).

Algunas recomendaciones que pueden resultar útiles son las siguientes:

Adaptación a las necesidades individuales
La planificación consciente debe tener en cuenta las necesidades, intereses y habilidades únicas de cada estudiante. Esto se traduce en un enfoque personalizado y centrado en elx estudiante.

Flexibilidad y adaptabilidad
Los contextos de aprendizaje deben ser flexibles y adaptables para responder a las diferentes formas de aprender y a los cambios en las necesidades de lxs estudiantes a lo largo del tiempo.

Promoción de la autonomía y la independencia
Los entornos diseñados para el acompañamiento deben fomentar la toma de decisiones autónoma y el desarrollo de habilidades de autorregulación en lxs estudiantes.

Integración de intereses y pasiones
Se busca integrar los intereses y pasiones individuales de lxs estudiantes en el proceso de aprendizaje, lo que aumenta la motivación y la relevancia de la educación.

Estímulo a la curiosidad y la exploración
Los contextos naturales de aprendizaje deben inspirar la curiosidad y la exploración, alentando a lxs estudiantes a descubrir y aprender por sí mismos.

Inclusión y diversidad
Los entornos deben ser inclusivos y celebrar la diversidad de capacidades, talentos y experiencias de lxs estudiantes.

Evaluación formativa y feedback continuo
La planificación consciente también implica la implementación de estrategias de evaluación formativa para monitorear el progreso y proporcionar retroalimentación oportuna.

Colaboración entre educadores y familias
La planificación y diseño de contextos de aprendizaje debe ser un esfuerzo colaborativo que involucre a educadores, familias y, cuando sea posible, a los propios estudiantes. La educación en el hogar (Homeschooling) es compatible con este planteo.

Integración de tecnología y recursos actuales
Se deben aprovechar las herramientas y recursos tecnológicos disponibles para enriquecer y facilitar el proceso de aprendizaje.

Cultivo de un entorno de aprendizaje positivo y motivador
Los contextos de aprendizaje deben ser espacios donde lxs estudiantes se sientan seguros, motivados y apoyados en su proceso de crecimiento y desarrollo.

Esta perspectiva subraya la importancia de la planificación y diseño intencional de contextos de aprendizaje para lograr un acompañamiento efectivo y un desarrollo significativo en lxs estudiantes.

Acompañar para descubrir la vida como una aventura

En el transcurso de estas páginas hemos recorrido dimensiones de la idea de que la educación entendida como acompañamiento a través de contextos naturales de aprendizaje es una forma de experimentar y compartir la vida como aventura.

Como oportunidad.

Como posibilidad.

Incluso, con más razón, cuando hay desafíos, e incluso mayores desafíos.

Por eso, y otros motivos que habrás ido redescubriendo conmigo al hilo del libro, quizás estés de acuerdo conmigo que es un enfoque que puede resultar útil en general, si estamos pensando en lo que al día de hoy se llama educación inclusiva.

En particular, para repensar, diseñar y hacer la nueva educación para gente autista.

Por un autismo floreciente.

Mama Quilla